나무의 유적

그루시선 075

나무의 유적

이은재 시집

도서출판 그루

책머리에

의식 저편에서 암호처럼 밀려오는 소리로
나의 시를 쓰고 싶었다

달은 또다시 가득해졌으나 저 허공! 너는
무슨 말로 채울 것인가

가슴속에서 저절로 나오는 휘파람 소리로
시의 길을 열어 가리라

2014년 봄날에
이은재

차례

1

봄

봄은 수고롭다
청명 곡우 지나 지친 붓 들고 간다

늦잠 자는 반달곰 깨우고
나무들도 깨운다

저요, 저요
갓난아기 젖 물리듯 햇살 밥을 나누어 준다

봄은 연작시
장편 시집이다

새롭지 않으면 붓을 꺾는다

노들섬

한강대교를 건너가면 풍경들이 한눈에 들어온다

노들섬 백사장을 거닐던 여인의 미라들이 살고 있다

다리 난간은 참빗이다

버들은 참빗으로 레게머리를 빗고

다리의 다리는 얼레빗이다

밤새 천리 물길 밟고 왔다 다시 먼 바다로 떠나가는

강물은 얼레빗으로 웨이브머리를 빗고

구룡폭포

아홉 개의 거대한 신전

물의 제전

참례하는 제관들의 흰 옷자락

하얀 물살 접어 날려 보내는 수만 마리 종이학

빗소리 깃소리같이

천지간을 직립하던 물살들 절벽을 뛰어내리고

낙수를 받아 주는 저 아픈 흔적

나무의 유적

남산동 허름한 식당 구석진 자리
통나무의자 하나 앉아 있다
나이테로 걸어온 백년
나무 유적을 만난다

나무의 생은 둥글지만
끊어질 듯 이어지는 꿈길 있어
나무는 쉼 없이 걸었으리라

꽃 피는 오솔길
천둥 치는 들판
술 취한 모롱이 돌아
언 강에 발목 빠뜨렸으리라

갈수록 좁아지고 어둑해지는 골짜기
길을 잃기도 했으리라

푸른 날들이,
제 몸에 새겨 넣은 파문이
하얗게 마르고 있다

나는 동그랗게 앉았다

목련 1

각성바지들이 모여 사는
아파트 정원에
백목련이 일가를 이루었다

잔잔한 어둠이 밀려오는 봄밤
외등이 둥그런 소반에 저녁상을 차린다

그릇마다 그득하게 퍼 놓은
저 고봉밥

목련 가족은 한 철 밥 힘으로 또 한 해를
푸르게 건너가리라

젖니 나듯, 숟가락질 소리가
들려오는 저녁
둘레둘레 앉아 있는 얼굴들이 환하다

목련 2

봄맞이하고 싶어 가슴 졸이지만
그늘 벽이 너무 높아
마음만 쉽게 드러나고 지워져요

가끔씩 눈꽃들 몰려와
빈 하늘 놓고 가지만
상처 없는 삶이 어딨어요

창가 목련 이야기를 듣는 사이
아지랑이 출렁거리는 하늘 연못

새들 둥그렇게 모여 앉아
서로 깃을 골라 주고 있어요

먼지

바깥세상이 그리워
검지에 침을 발라 문구멍을 뚫었다

마음의 통로가 환하다

집 씨암탉은 병아리들과 함께
바지게 우리 안에 갇혀 있다
벼슬이 큼직한 수탉은
그 주위를 맴돌고 있다
먼 하늘을 비행하는 새매 한 마리
병아리 우리를 노리는 오후

햇살 구멍으로 먼지들은 반짝거린다

직선의 햇살 강을 헤엄치다
천 길 낭떠러지로 낙상하곤 한다
비명을 지르지만
들어 줄 사람 아무도 없다

빈집이 아픈 나를 안고
죽음의 경계에 들어서면
공중회전 하는 먼지들도 아름답다

구름의 전쟁놀이

구름이 전쟁놀이를 하고 있다
물러설 수 없는 배수진을 치고
일촉즉발의 국면도 잠시
불의 칼이 하늘을 가르자
천지간을 뒤흔드는 포성이 귓전을 때린다

피바람을 일으키는
구름의 육박전

총알들이 콩 볶듯
땅 위를 박음질하며
팽팽하던 전선이 서서히 무너지고 있다

승자도 없이 피아가 전멸하는
갠 하늘

구절초

다디단 햇살은 제 양식이고요
이파리는 손
햇살을 받아먹는
물관은 오장육부
비바람이 세지면
어둠에 던져지는 하얀 뿌리,
가뭄에 두레박들은 더 먼 곳으로 가지요
갱 속에서 캐낸 꿈들은
외로 돌고 바로 돌며 올라오지요

꽃자루 입술들을 매달아 주면
깊어지는 숨결
꿈들을 바람의 화살촉으로 쏘아 올리면
꽃눈은 축포처럼 터져요
그런 나를 당신은 구절초라 부르지요

구구절절
나는 꽃 소리를 듣지요

저녁 해

저녁 해
우두커니 내게로 왔다

나는 어느새
홍안의 소년

무성산을 넘어 집으로 오는데
가슴이 덜컥했다

저녁 해
불타는 반지를
달에게 끼워 주었다

겨울나무

한천이 이불이다
저런 잠도 꿀맛일까

미루나무를 흔들며
함께 놀아 달라고

바람 바람 바람

치마폭에 매달리는 바람을
겨울 들판으로 내몰고 있다

바람 바람 바람

젖을 떼듯 미루나무가 매를 들었다

원앙새

물살을 가르며 강을 건너는 원앙새 일가족
강의 뼈가 허옇게 드러나는 어미 등줄기 너머로
예닐곱 새끼들도 바동바동 따라온다
무사히 건너온 어미가
강둑에 강물 한 짐 부리자
새끼들도 버들 숲에 몸을 숨긴다

여울목을 체질하는 강물 소리에
어미의 애간장이 하얗게 타 들어가고
소리 없는 새끼들 울음이
총알처럼 날아와 귀뿌리에 박힌다

새매는 하늘에서 눈총을 쏘는데
맞서려는지
원앙은 주걱부리 쑥 내밀고
앞가슴 쭉 편다, 저 당당함!

원앙이 이판사판 도전장을 던지자
새매는 백기를 들고
새끼들 우르르 몰려나와
어미를 둘러싼다

강물도 가슴 쓸어내리고
잔물결에 부서지는 초여름 햇살

人

시옷을 만들었다
시옷 차림으로 거울 속을 걸어 본다
그를 받쳐 주지 못하는 건
시옷이 아니다

무성한 숲을 걷어내듯
몸을 갈았다
허리가 낭창하도록
몸을 닦았다

안성맞춤 시옷을 입고
봄 길을 걸어 본다
나들이 시선들은 그에게로 몰려가고

시에게 시옷을 입혀 보지만
맞는 옷이 없다

걸어가는 나무

지팡이가 중앙로를 걸어간다
인파를 외발로 헤치고 가던 걸음이
네거리 신호등 앞에 섰다
제가 나무였음을 지팡이는 알까
꼼짝도 하지 않고 맞은편
사람 숲을 본다

뿌리라도 내리려는 듯
이 숲은 어느 숲인가
생각해 내려는 듯

빨간 자전거

첫 직장에서 만난 우리는
놀빛 내리는 호수돈여고 운동장에서
자전거를 탔었지
우리는 걸음마를 배울 때처럼
자주 넘어지곤 했었지
일으켜 주면 또다시 넘어지고
자전거에 비친 놀빛이
네 얼굴에 굴절될 때
오지 않는 엄마가 보고 싶다며
두 볼이 빨개졌었지
속마음을 들켜 버린 두 바퀴가
운동장을 돌고 돌았지

자전거 타기가 익숙해지고
우리는 차츰 멀어져 갔지
저녁마다 자전거를 타고
용두동 시외버스 터미널에서 유성까지
네 바퀴가 달려갔다 달려오곤 했었지
빨간 스카프를 날리면서 달려가던
네 모습이 자꾸만 눈에 보여

유성 하늘을 흐르던 유성은
우리들 앞날을 예고했던 것일까
너는 공부하러 서울로 가고
나는 직장 따라 부산으로 가고

타월

십 년 전, 개업 인사 한마디 전했을 뿐인데

그가 함께 가자며 먼 길을 따라왔다

아내가 가끔씩 세면대에 걸어 두면
나는 세수하고
의식 치르듯 얼굴을 문지르곤 한다

늙은 얼굴엔 늙은 타월이 제격일 텐데
시계를 자주 보던 그가
홀연 분리수거함으로 떠나갔다

나에게 주어진 시간은 얼마나 남았을까

시계

얼마나 걸어왔던 것일까

새들 영혼은 보이지 않고

다리만 걸어간다

살얼음 번지는 강물에 서 있던 황새

아끼던 다리 하나

밤낮으로 종종거린다

감포 바다

궂은 날에만 잡힌다는
시어詩魚를 낚으러 갔다

민물과 해수가 살을 섞는
감포 앞바다
시월상달 바다
모래무덤만 쌓았다 허문다

희귀한 시어 한 마리
건져 올리지 못한 채
물거품만 쓸어 담던 파도
방 안까지 따라와
온밤 내 철썩대다
귀 기울이면 달아나는
월척들

파랑 주의보

바다는 홀로 견디기가 지루했을 것이다

뱃길은 늘어졌다 줄어드는 고무줄

하릴없이 바다는 고무줄놀이만 한다

여객선이 나타나자 바다는

큰 손으로 물방개 쓰다듬듯 한다

로데오를 즐기듯 성난 파도를 타는 푸른 눈빛들

문상

1

문득 날아온 부음 듣고
휴대폰이 떨고 있다

죄지은 듯 머리 조아려 절을 하자
그가 싱긋 웃고 있다

세상 짐 다 내려놓으면
슬픔도 웃음이 될까

그가 방패연처럼 흰 벽에 걸려 있다

2

그는 사각의 테두리 안에 있다
투명하지만 열리지 않는 문

그의 발은 이미 피안에 닿아 있다
아쉬운 듯 문상객들과 눈인사를 나눈다

어디로 가는지도 모르고
호곡 소리 뒤로한 채 우두커니

별이 하나 눈 안으로 들어왔다

병상일기 1

탈장 수술을 하기 위해
6인 병실에 누워 있다

한때 사격 선수로 활약했던
멧돼지 사냥에는 도가 텄다는 최 포수
쓸개를 떼어냈다며 키득거렸다
담석 수술로 네 군데나 구멍을 뚫었다는
동지고교 박 선생은
십팔 미터 전방 핀을 응시하는
볼링 선수같이 심각했다
그도 잠시 고통을 잊어 보려는 듯
최 포수와 맞장구를 쳤다

그가 수술 부위를 하나하나 짚어 가며
피리 부는 시늉을 하자
병실 안은 금세 웃음바다로 출렁거렸다

옆구리가 항문이 되어 버린 환자는
꾸덕꾸덕 말라 가는 황태처럼
마른입을 떡 벌린 채
실눈은 천장에 붙어 있다
만사가 무상하니 차라리 장자 나비 되어
훨훨 날고 싶은 것일까
짙은 두 눈썹만
상한 날개처럼 자꾸만 접었다 폈다 한다

병상일기 2

수술 시간 임박한 듯
금식 경계령 내려지고
불안은 불꽃
활활 온몸으로 번지는데
수술 동의서 조목조목 받아 간 다음
푸른색 수술복으로 갈아입혔다

수술 부위가 하필이면 거웃이라
벌목하듯 깨끗이 밀어내자
선돌과 몽돌만 도드라지는
민둥산이다

수술대에 팔다리가 묶이자
몸은 이미 내 것이 아닌 것을
배를 째든
창자를 잘라내든 모든 걸
칼자루 쥔 사람에게 맡긴 채
나는 어디로 가는지도 모르고
가물가물 넘어갔다
그런데 누가 재차 호명했던 것일까

아내 얼굴이 제일 먼저 눈에 들어왔다

2

히야

직장 따라 외지로 떠돌다 옷이나 갈아입으려고
집에 들르면 큰놈은 나더러 "히야"라 했다
제 엄마가 아빠라고 일러 주면
머리 긁적이다가 아빠라고 고쳐 불렀다

간혹 어린것들 보고 싶어 집에 가면
작은놈도 나더러 "히야"라 했다
형한테 배운 말, 제 엄마가 고쳐 주었다

삼십 년 세월 지나니
형 같은 아버지로 늙고 싶은 날이다

* 히야 : 형의 경상도 사투리

꽃밭과 나비

일을 마치고 돌아와 보니
꽃밭에는 의성 육쪽마늘 모양의 발자국이
어지럽게 찍혀 있고
선인장은 꽃잎 이지러진 채 넘어져 있었다

주인아줌마가 우리 딸애 짓이라며 역정 냈다
가시 돋친 목소리에
돌 지난 아이
울음보를 터뜨렸다
상한 나비는 날개를 파닥거리고
강아지는 꼬리를 살랑대고 있었다

우는 아이와 시장을 한 바퀴 돌았다
노점에서 병아리를 보여 주었다
장난감 가게 앞에서 꼬마 인형을 보여 주었다
꽃가게 앞은 그냥 지나쳐 왔다

꽃밭 없는 집에 세 들었다
나비 보고 싶다는 아이에게
나비 핀을 사 주었다

빚

어머니 빚쟁이한테 시달리는 것이
싫어, 한마디 참견한 것이
상흔으로 남아 있다
어머니의 빚은
팔 남매의 양식이었는데

상어가 광어 새끼를 강하게 키우듯
빚도 사람을 몇 배로 살게 하는가
빚이 유전인 것만 같던 나날
빚내러 다닐 때마다
어머니가 참견했다

하석상대는 이제 그만 하라고

빚속에 방을 빼던 어느 날
상처받은 아들이
집 한 채도 장만하지 못하고
이때까지 뭐 했느냐고
빗발 속에서 질책하였으나

어머니처럼 아무 변명도 하지 않았다

빚도 사람을 몇 배로 살게 하는가
빚을 짊어지면 나는
힘이 나고
마음이 가벼웠다

무

무딘 손으로 무채를 썰고 있던 아내가
무 하나를 뚝 잘라 무두일미를 맛보라 한다
무심결에 무를 먹고 있노라니
무성산 고랭지 채소밭이 눈에 보이고
무 잎같이 푸른 소년 하나 보인다
무시로 솟는 배움의 열망 감당할 수 없어
무작정 가출할 여비를 마련하려고
무성산 산마루를 오르내리면서
무단을 져 나르고 있다
무를 짊어진 다리가 이리저리 비척대는 동안
무가 양 어깨에 무청 같은 얼룩을 남겨 놓았다
무성산을 떠나왔지만 불빛
무성한 도시에도 그가 찾던 배움의 길은 없었다
무슨 일이든지 소화하며 살기로 했다

무시로 공치는 비철에는
무위도식하는 백수를 길들이기 위해
무 한 접을 리어카에 싣고 난전으로 팔러 갔다
무도회장 앞을 지나온 탓일까
무가 모두 바람 들어 빈손으로 돌아왔다
무슨 일을 해야 즐거울까 내일을 걱정할 적에
무채를 썰고 있던 아내가 무 한 조각을 건네주며
무맛이 단가 쓴가 맛보라 한다
무미건조한 무를 씹고 있노라니 또다시
무성산 화전이 펼쳐지고
무서리 떼 다녀간
무장다리 밭에는 무꽃이 한창이다
무한 꽃차례 기다리는 눈들이 여럿이다

이력

열아홉 활자 견습공은
머리 희끗한 예까지 왔네

한 줄밖에 안 되는 내 학력
두고두고 시빗거리로 떠오르곤 했네

출판 경력 십여 년 만에
출판사 발행인 등록할 때도
그럴 자격 있느냐고 시비하더니
지방 잡지사 발행인 등록할 때도
학력이 미심쩍다며 고개 가로저었네

배운 사람들 간판 앞에서는
백지장 같던 이력
실력도 문화 의식도
초등학생 수준일 거라며
두고두고 목덜미 잡고 조이기만 했네

오랜 세월 활자로 길들여진 몸이라
나는 다른 길 찾을 수 없네

한 줄의 이력이 외길이었네

나의 생

어느 눈먼 점성가는
나의 생에는 학업 운이 없다고 말했다

무쇠라도 갈아서
세상에서 가장 귀 밝은 바늘 하나 만들까

억지 춘향 맨몸 가시나무에 올려놓고
육십갑자 다 가도록 기다렸다

한 생을 부려 놓는 회갑 날
나는 고졸 검정고시를 치렀다

아득했던 열망들이 파르르
너를 위하여 꽃 한 송이 피우고 싶다

원두막

개구리참외가 익어 가는 원두막에는
젊은 영혼 하나 살고 있으리라

비수기가 오자
인쇄소 사장님은 공장 문을 굳게 닫아걸었다

눈물 밥을 함께 먹던
과수원 집 아이가
개구리참외가 잘 익었다며
우리들을 초대했다

오랜만에 친구들과 왁자하니 참외를 먹던 중 그가
'좋아 죽겠다'

가장 아름다운 유언 한마디 남겨 놓고
말문을 닫아 버렸다

좋은 시절 한 번 못 살아 보고
노동 현장을 떠돌다 간
젊은 영혼을 위하여
호곡할 사람 하나 없어
우리는 개구리 한 마리를 순장하고 떠나왔다

개구리 호곡 소리로
무논들은 마를 날이 없다

그해 겨울

얘야, 밥 먹어라
고샅을 헤매던
어머니 목소리가 귀밑까지 따라왔다

열린 솥에서 솟아오르는 하얀 김발이
나를 빵집 앞에 세워 놓고
흔들었다
빵집 앞을 맴돌다
자취방을 온몸으로 녹였다

돌아가지 말자
돌아가면 세상한테 무릎 꿇는 거라
집으로 가는 길을 지웠는데

얘야, 아침밥 먹고 눈 좀 쓸어라
아버지 목소리가 단잠을 깨웠다

연탄재

냄비에 밥 안쳐 놓고 잠이 들었다

어둑새벽에 시장기가 단잠을 깨웠지만
밥 냄비는 사라지고
연탄불도 꺼져 버렸다

누가 밥 냄비를 가져간 것일까
연탄재 버리려고 연탄집게 들이대자
거기 밥풀때기 하나 붙어 있다

냄비 채 먹어 치운 것일까
희멀거니 벌린 입들 다물 줄 모르는데
납덩이같은 똥이 한 알 동그마니 놓여 있다
염치도 없이 여기서 볼일까지 보았단 말인가

밥 먹지 않는 나라로 이민 가고 싶었다

소리증후군

그해 여름
매미 울어
흠칫거릴 때가 있었지

불빛에 취해
잠시 살다 가는 나방같이
우리는 모두 휘황한 도시에서
찰나를 살다 가는 뜨내기인 것을

무정지업사 갈 부장이
뜨내기는 봐줄 것도 없다고 일갈한 뒤
전화벨만 울려도 가슴이 덜컥했지

문득 사이렌 소리 지나가고
빚 갚는 방법 터득했지만
실천하지는 못했지

한겨울 이불 덮고 누울 때면
지금도 들려오는
매미 울음

목어

눈동자 꽁꽁 묶어 두고

속 다 비운 채

바람 제멋대로 드나들게 했었지

쇠북처럼 울지도 못하고

달력

날짜마다 다른 눈
까만 날짜에 눈이 붙어 있을 거야

빨간색, 이 땅의 노동자들에겐
그림의 떡일 거야

무지렁이 공돌이들은
삼백예순다섯 날이 모두 까만색일 거야

이명

막차는 떠나가고
정거장엔
귀뚜리 한 마리만 울고 있었다

그 울음의 변주는
흉내 낼 수 없고
맑은 노래가 되었다

하느님은 무슨 연유로
이토록 귀한 선물을 나에게 주신 것일까

내 안에 숨은
가장 멀리 떠난 소리

하늘로 떠난 막차 기적 소리가
귓속에 살고 있다

막차는 먼 하늘로 떠났는데
밤낮 내 안에서 노래하는 귀뚜리

내 귀가 맑아지더니
하늘 귀도 밝다

길

길은 언제나 나보다 한 발 앞서간다
예각으로 꺾인 골목 입구까지 따라가면
또다시 저만큼 달아나는 길
길을 붙잡고 질문을 던져 본다
아침에 열리고
저녁에 닫히는 저 길 끝에는
누가 기다리고 있기에
길 안에 들어서면 가슴이 뛰는 것이냐?

열아홉 나이에 활자와 첫 인연을 맺고
나는 열녀처럼
그만을 섬기면서 살아왔다

가진 게 없었어도
금맥을 마다하고
문맥 따라
출판의 외길 걸어왔다

길 안에 들어서면 금세
길 밖의 길들은
내 길이 아니라는 듯 문득 사라지고

버릇

육교 난간에 대형 현수막이 걸려 있다
'대구가도 약한다'
약장사 선전 문구 같은 글귀가
눈에 거슬려
나도 몰래 밑줄을 긋고 만다
대구가 약한 것인가
대구 가서 약하는 것인가
아니, 아니 '대구가 도약한다'겠지

오류가 눈에 띄면 나도 모르게 밑줄 긋는 이 버릇
평생 남의 글 교정보다 생긴 버릇
여생엔 교정 못 볼 버릇

가려운 내 다리는 그냥 놔두고
가렵지도 않은 아내 다리 자꾸 긁적대다가
핀잔만 듣는 잠버릇 같은

아내의 정원

서른 해 전, 방 얻으러 다니던 아내가
목을 뒤로 젖힌 채
목련아파트 꼭대기 층까지 올려다보다
나도 저런 곳에서 한 번만 살아 봤으면
하고 고개를 떨어뜨렸다

목련은 활짝 피었다

밤낮없이 일에 매달리는 동안
삼 남매 어린것들을 데리고
끼니때마다 밥을 이고 다니던 아내가
인제는 더 이상 올라갈 수 없는
아파트에서 살고 있다

목련이 뚝뚝 떨어졌다

갱년기

그가 오고부터
아내는 활화산 지대에 갇혀 버린 듯
하루에도 몇 번씩 신열을 앓다가
딴사람으로 변하곤 한다

묵묵히 다가오는 그에게
아내는 마음을 빼앗기고
자꾸만 내 곁을 떠나려 한다

내 가슴을 녹여 주던
나긋한 목소리 사라지고
어쩌다 "당신!"
하고 부르면
걸걸한 목소리에 화들짝 놀라곤 했다

내가 오래 집을 비운 사이
아니무스가 다녀간 사이
그늘이 스몄다

봄 햇살 한 짐 져다가
아내의 가슴속을 밝혀 주고 싶다

내가 기쁠 때는

내가 기쁠 때는
아내가 따끈한 와이셔츠를 건네줄 때

내가 더 기쁠 때는
엘리베이터가 올라오는 동안
아내가 야윈 어깨 위에 힘을 실어 줄 때

내가 더욱 기쁠 때는
낮 동안 헤어졌던 우리가 함께하리라는 기대 속에
초인종 누르면
아내가 재빠르게 현관문을 열어 줄 때

내가 더욱더 기쁠 때는
돈벌이가 시원찮아 미안해하는 나를 바라보며
수고했다는 아내의 말과 함께
저녁상과 마주 앉을 때

그녀를 힘들게 할 때마다
아내는 아들 하나 더 키운다고 말했지

내 몸이 힘들어 할 때도
아내는 아들 하나 더 키운다고 말했지

3

꿈길에서

솔잎 수북이 쌓여 있고
길바닥은 움푹 파여 있다
솔잎과 모래 쓸며 길의 상처 메울 때
홀연 나타난 아버지
자주 다니는 길이라며
한순간 주름진 얼굴 훤해지신다
얘야, 내일은 한가윗날이다
이왕에 삽자루 잡았으니
마을길도 깨끗이 닦아 놓아라

어떻게 엿들었는지 확성기가
동네가 떠나갈 듯 신나게
마을길 닦아라, 재촉이다

멍한 눈으로 방 안을 휘 둘러보았으나
아버지는 꿈속을 나서
어느새 확성기 속에 들어가 계시다

옛집

바람만 가끔 들렀다 가는 옛집
팔 남매 문지방 닳도록 넘나들었지

형제들 하나 둘 도시로 떠나고
겨울 산같이 스산하던 집

부모님마저 세상 뜨신 뒤로
타관보다 쓸쓸하게 비어 있네

어느새 다 허물어지고 터만 남아
뉘 집 남새밭이 되어 버린 것일까

우산을 받쳐 든 여섯 살 적 내가 보이고
감나무 접을 붙이던 젊은 아버지가 보이네

혼자 남아 빈 터를 지키던 감나무
왜 이제 오느냐며 글썽한 눈으로 바라보네

너도 옛집이 그리운 것이냐
뿔뿔이 흩어진 가족들 안부를 물어보네

살쾡이

아버지 탈상 전날, 수백 리 길 달려갔는데
자정 사이렌이 찻길을 끊었다

소낙비 먼저 지나간 칠흑 산골 길
손전등으로 더듬는데
불빛 하나 주춤주춤 다가왔다
자정 넘은 이 밤중에 누가 마중 나오실까, 하는데
두 눈에 불 켠 살쾡이 길을 막아섰다

저놈은 당장 나와 기 싸움을 벌이자는 것인가
살쾡이는 사냥감을 포획한 양
시뻘건 아가리를 벌리고 송곳니를 드러낸 채
입맛을 쩝쩝 다셨다

아버지의 넋이 내 안에 들어온 것일까

길 비켜라, 길 비켜라, 길 비켜라
세 번 외쳤을 뿐인데
살쾡이가 한 발 물러섰다
사나운 발톱은 감추었지만
눈빛은 여전히 불덩이 같았다
그 눈빛 마주하고
동네 어귀까지 줄곧 뒷걸음질 쳤다

왜 이제 오느냐, 놀란 눈빛으로
한마디씩 하는 친지들에게
살쾡이와 기 싸움을 벌이다 늦었다고 하자
마중 나가신 아버지도 몰라봤냐며
저마다 폭소를 터트렸다

경칩

나는 간니 날 때까지 젖배를 곯았다
아버지가 구워 주던 개구리 뒷다리를 먹고 자라
내 다리는 개구리 다리를 닮았다

학교에서 돌아오면 동무들과 꼴을 베러 다녔다
무성산을 올라갈수록 세상은 점점 넓게 보였다
멀리 뛰어 보겠다고 움칠 때
강 건너 돌이 자꾸 나를 유혹했다

앞다리로 돌다리를 두드려 보았다
뒷다리는 마음 놓고 멀리 뛰었다
개구리가 뛰어갈 때마다 공중이 휘어지곤 했다

꼴을 한 짐 짊어진 아버지 손에
개구리 두어 마리 들려 있다
꿈속의 나는 벌써부터 침을 흘리고 있었다

밤길

어머니가 기다리는 밤길은 무섭지 않았다

강둑길 걸어 소름 돋는 물문을 지나
상사병으로 죽었다는 처녀귀신 집도
몇 채는 지나가야 했지만
나는 태연했다
처녀귀신들이 내 발목을 잡지 못한다는 걸
알고 있었으니까

함께 묻은 좁쌀 한 되를 다 세기 전에는
그네들은 일어설 수 없을 테니까
차안의 발자국 소리 탓으로
좁쌀을 세다가 잊어버리고
또다시 세다가 잊어버리고 마니까

어머니가 기다리는 밤길은 무섭지 않았다

기다림

아들자식 많이 둔 게 자랑스럽다며
늘 웃음꽃을 달고 다니던 어머니

우리 마을이 문득 점령지가 되고
인민군 총알받이로 끌려갔던 큰형은
낙동강 전투에서 흑인 병사한테 생포되고
동행했던 과수댁 외아들은 유골 단지로 돌아와
온 마을이 울음바다가 되고
웃음꽃을 잃어버린 어머니

거제도 포로수용소로 끌려갔다
자랑스러운 국군이 되었으나
또다시 총알이 빗발치는 전선을 넘나들다
8년 만에 겨우 제대한 큰형
형들이 차례로 병영 생활 하는 동안
고슴도치 촉수를 세우던 어머니

깊은 밤, 고샅길에서 발자국 소리 들려오고
삽짝에서 삽살개가 컹컹대면
온밤을 지새우던 어머니

뒤뜰 감나무 가지 끝에 아침부터
까치 날아와 우짖는 날에도
하루 종일 담 너머를 기웃대느라
작은 키가 자꾸만 자라던 어머니

세상 근심 다 지울 듯 눈이 오고
먼 길 혼자 떠날 때는
희끗희끗 나붓대는 눈발처럼 가벼웠던 어머니
그토록 가벼워지기까지는
얼마나 많은 슬픔을 견뎠을까

기제

어머니 기제 지내고 축문 사를 때
시린 손들이 몰려왔다
바람의 다툼으로
불꽃은 이내 사라졌다

등잔불 밝혀 놓고
이슥하도록 둥그렇게
둥그렇게 물레를 잣던
어머니

둥근 기억은 강물처럼 흐르고
어머니 손때 묻은 것들이
부유물처럼 떠올라
내 옆구리를 툭툭 치는

동짓달은 그리운 달
먼 하늘엔 초승달 떠간다
긴긴 밤을 감던
그 눈빛 같다

곰국

아내는 가장이 가장 소중하다며
또 곰국을 끓이고 있다

곰국을 먹고 있자니
위장병 앓던 젊은 날이 보인다

어머니는 여름내 곰국을 끓였다
왕복 육십 리
소양을 사 날랐다
죽어 가던 몸 다시 살아났지만
어머니 뇌출혈로 쓰러지고

나대신 먼저 가셨다는 말과 함께
말의 뼈는 자꾸 자라
뼈에 찔린 말들이 꺼억, 꺼억 울었다
그때 죽었어야 할 몸은
곰국에서 쇠똥 냄새 난다고 머리를 내젓는다

뱀 꿈

가나니 고갯길에서
작대기만 한 뱀이 길을 가로막았다
악연 끊듯 돌로 쳐서 끊어 버렸지만
밤새도록 잠을 설칠 줄이야

불알을 물려고 찾아올지도 모른다는
어머니 말씀에 아랫도리가 서늘해졌다

방울을 딸랑딸랑 흔들면서
동강난 몸뚱이를 붙여 달라고 따라붙었지만
나는 봉합 수술 할 줄 몰라
밤새 쫓기다가 돌부리에 걸려 넘어졌다

뱀보다는 훨씬 센 용을 그려
부적 삼고 잠들어 볼까

가나니 고개

가랑비가 가랑가랑 내리는 날이면
잠 깊던 어린 영혼들 문득 깨어나
별성마마 따라가기 싫다고
떼쓰는 아이들
윽박지르다
살살 달래다
끝내 말 듣지 않으면 빗방울 뿌려
잠재우던 애장 터

별성마마 성화에도 용케 살아남은 나는
으스스 소름 돋는 애장 터를 지나
시오 리 학교 길도 혼자 다닐 때가 많았지
비 오면 갓난아기 울음소리 들려오던
오리나무 숲 가나니 고개

돌무지 서낭당 마루에 서면

제 방귀 소리에도 놀라는 고라니 새끼처럼
마른 솔방울이 떨어져도 철렁
어깨에 책보 동여매고
두 손으로 검정 고무신 움켜쥐고
비탈길 살금살금 내려와
냅다 줄행랑치다 보면
울음소리가 바짝 따라붙었다

뒤돌아볼 겨를도 없이 달려서
마을이 바라보이는 정안천 징검다리를 건너야
비로소 사라지던 울음소리

붉은 마마꽃 물위에 언뜻 비치더니
급물살에 휘말리고

헛것에 쫓기는 날은 몸이 아팠다

해설

궁정의 힘

이 혜 원 문학평론가•고려대학교 문예창작학과 교수

상처와 온기

이은재 시인은 예순이 넘은 2012년에 등단했고 드디어 첫 시집을 내놓는다. 평생을 출판인으로 살았던 그는 이제 시인으로서 인생 이모작을 멋지게 시작하고 있다. 배양이 잘된 모는 수월하게 잘 자라기 마련이어서, 풍부한 인생 경험을 바탕으로 하는 그의 시는 공감의 폭이 넓고 잘 읽힌다. 젊은 시인들이 실험의 열정에 빠지고 자기만의 개성을 분출하는 데 열중하는 것에 비해 그의 시는 담담하게 인생을 회고하며 삶에 대한 통찰을 공유하는 데 무게가 실린다. 그에게 있어 시는 무엇보다 '삶'을 담아내는 언어이다. 인생 역정에 있어 그는 누구보다 할 말이 많다. 고생은 남부럽지 않게 해 보았고 많은 어려움을 극복하면서 뜻하는 일들을 이루어 왔다. 그의 시에는 인생길에서 얻은 고난과 상처의 흔적들이 많이 눈에 띈다. 그런데 그의 시를 특별하게 하는 것은 상처의 흔적보다는 그것을 넘어서는 긍정의 힘이다. 시인들에게 상처받은 삶은 훈장 같은 것이어서 때로 과도하게 부풀려지거나 미화되기도 한다. 그런데 이은재 시인은 자신에게 별로 자비롭지 않았던 인생을 누구나 겪는 고난의 과정으로 여기고 담담하고 여유 있게 회고한다. 바로 이 지점에서 그의 시는 누구나 겪는 생로병사와 고해로서의 인생에 대한 폭넓은 공감대를 형성하게 된다.

> 봄맞이하고 싶어 가슴 졸이지만
> 그늘 벽이 너무 높아
> 마음만 쉽게 드러나고 지워져요
>
> 가끔씩 눈꽃들 몰려와
> 빈 하늘 놓고 가지만

상처 없는 삶이 어딨어요

창가 목련 이야기를 듣는 사이
아지랑이 출렁거리는 하늘 연못

새들 둥그렇게 모여 앉아
서로 깃을 골라 주고 있어요

—「목련 2」 전문

그는 인간의 삶뿐 아니라 자연에도 상처가 상존하는 것으로 파악한다.「구룡폭포」에서 그의 눈길이 최종적으로 머무는 곳은 "낙수를 받아 주는 저 아픈 흔적", 즉 절벽을 뛰어내린 물살들을 받아 주는 폭포의 깊은 웅덩이다. 위 시의 목련에게도 상처는 많다. 봄맞이하고 싶은 간절한 마음은 그늘 벽에 지워지기 일쑤고 가끔씩 눈꽃들이라도 몰려오면 덩그러니 빈 하늘만 남게 되기도 한다. 그런데 이은재의 시는 상처를 토로하는 데서 그치지 않고 따듯한 위안의 풍경을 곁들인다. 위 시에서도 목련이 누군가와 함께 삶의 상처에 대한 이야기를 나누는 장면에 곁들여 아지랑이 출렁거리는 하늘 연못의 온기와 새들이 서로 깃을 골라 주는 다정한 정경이 어우러지고 있다. 상처 없는 삶은 없지만 서로가 어울리고 의지하는 가운데 삶은 견딜 만한 것이 된다.

불교에서는 생로병사를 모든 인간이 겪는 네 가지 괴로움이라고 한다. 이은재의 시에는 생로병사와 관련된 일화들이 많이 등장하여 삶의 근원적인 고통과 그에 대한 자세를 엿볼 수 있다.

먼저 '노老'에 대해 살펴보자. 사람에게서 가장 나이를 더디 먹는 것은 마음이라고 한다. 그만큼 누구나 늙기를 싫어하고 되도록 젊게 살고 싶은 욕망을 지니고 있다. 어쩔 수 없이 나이를 인정하게 되는 것은 대개 신체적인 변화와 관련될 때이다. 「갱년기」에서는 "내 가슴을 녹여 주던/나긋한 목소리 사라지고/어쩌다 "당신!"/하고 부르면/걸걸한 목소리에 화들짝 놀라곤 했다"며 아내의 갱년기 증세를 통해 세월의 변화를 깨닫게 된 경험을 토로한다. 서글퍼질 수 있는 이 상황의 끝은 "봄 햇살 한 짐 져다가/아내의 가슴속을 밝혀 주고 싶다"는 따듯한 마음의 표현으로 훈훈하게 마무리된다. 「히야」에서는 "직장 따라

외지로 떠돌다 옷이나 갈아입으려고/집에 들르면 큰 놈은 나더러 "히야"라 했다"는 경험을 꺼내 놓는다. 바쁜 직장 생활 때문에 아버지 노릇을 제대로 못해 자식들이 아버지를 형으로 착각하는 사태에 이른 것이다. 그런데 이 시의 요지는 "삼십 년 세월 지나니/형 같은 아버지로 늙고 싶은 날이다"라는 마지막 구절에 있다. 착각이더라도 젊게 살고 싶다는 솔직한 심정이 재미나게 표출된다.

그가 고통에 대면하는 방법은 그것을 수긍하되 가볍게 여기는 것이다. 피할 수 없다면 기꺼이 받아들이고 담담한 자세로 대하려 한다. '노老'보다 더 실질적인 고통을 부여하는 '병病'에 대해서도 그의 태도에는 여유가 넘친다. 수술을 받으려 병원에 들어갔던 경험을 그린 「병상일기 1」과 「병상일기 2」에서는 자신을 포함한 환자들의 모습을 객관적으로 묘사하며 심지어 유머러스한 표현까지 동원한다. 병이 육체에 가하는 심각한 고통에 맞서 오히려 그러한 상황을 객관화하고 희화화하면서 아픔을 극복할 수 있는 여유를 되찾는다. 피할 수 없으면 긍정적으로 받아들이는 것이 그의 삶의 자세이다. 「이명」에서는 막차 기적 소리와 귀뚜리 울음소리가 들리는 이명 상태에 대해 "하느님은 무슨 연유로/이토록 귀한 선물을 나에게 주신 것일까"라고 한다. 먼 하늘로 떠난 막차 소리와 밤낮없이 들리는 귀뚜리 소리 때문에 귀가 밝아졌다며 이를 '귀한 선물'로 받아들인다. 어차피 안고 살아야 하는 병이라면 긍정적으로 받아들이려 하는 삶의 자세가 확연하게 드러난다.

생로병사 중에서도 절대적인 고통에 해당하는 죽음에 대해서도 그는 인생의 한 과정으로 수용하는 자세를 보인다. 지인들의 죽음을 하나하나 가슴속에 새기면서 담담하게 받아들이려 애쓴다. "죄지은 듯 머리 조아려 절을 하자/그가 싱긋 웃고 있다//세상 짐 다 내려놓으면/슬픔도 웃음이 될까"(「문상」)에서는 슬픔을 다스리며 스스로 마음을 위로하려는 자세를 살필 수 있다. 죽음의 허무함보다 세상 짐을 내려놓았다는 홀가분함을 강조하면서 위안을 삼기도 한다. 「원두막」에서는 "오랜만에 친구들과 왁자하니 참외를 먹던 중 그가/ '좋아 죽겠다'/가장 아름다운 유언 한마디 남겨 놓고/말문을 닫아 버렸다"는 말로 젊은 친구의 임종을 아름답게 기억하려 한다. 그는 "좋은 시절 한 번 못 살아 보고/노동 현장을 떠돌다 간/젊은 영혼"을 기리기 위해 한탄보다는 위로의 정서를 표출한다. "호곡할 사람 하나 없어/우리는 개구리 한 마리를 순장하고 떠나왔다//개구리 호곡 소리로/무논들은 마를 날이 없다"에서처럼 자연현상을 끌어와 슬픔을 위안한다. 호곡할 사람조차 없는 젊은 친구의 죽음은 무논에 가득한 개구리 울음을 호곡 소리 삼아 전혀 외롭지 않게 느껴진다. 아무리 심각한 상황에서도 미소 짓게 하는 이런 재치 있는 발상은 매사에 긍정적이고 따듯한 마음에서 나온다.

기억의 공동체

과거의 기억은 구체적인 윤곽을 잃고 왜곡되기 쉽다. 기억은 그것을 떠올리는 주체의 반응에 따라 부정적 또는 긍정적인 영상으로 증폭된다. 어린 시절의 기억이 긍정적일 때 그 시간은 그리움의 원천을 이루고 부정적인 기억이 강할 때는 회피의 대상이 된다. 이은재 시에서 묘사되는 어린 시절의 기억은 마치 백석의 시를 읽는 듯한 따듯하고 깊은 느낌을 준다. 그

시간 속에는 오랜 관습과 공동체의 정서가 이어 내려오며 무엇보다 가족에 대한 든든한 믿음이 자리 잡고 있다.

어머니가 기다리는 밤길은 무섭지 않았다

강둑길 걸어 소름 돋는 물문을 지나
상사병으로 죽었다는 처녀귀신 집도
몇 채는 지나가야 했지만
나는 태연했다
처녀귀신들이 내 발목을 잡지 못한다는 걸
알고 있었으니까
함께 묻은 좁쌀 한 되를 다 세기 전에는
그네들은 일어설 수 없을 테니까
차안의 발자국 소리 탓으로
좁쌀을 세다가 잊어버리고
또다시 세다가 잊어버리고 마니까

어머니가 기다리는 밤길은 무섭지 않았다

—「밤길」 전문

불과 반세기 전만 해도 귀신이 나올 듯 어두운 밤길을 걷는 일은 전설이 아닌 현실이었다. 이 시의 어린 화자는 강둑길을 지나, 처녀 귀신 집도 몇 채는 지나 집으로 돌아가는 상황에 있다. 시커먼 물이 넘실대는 물문을 지나고 처녀가 죽어 나간 흉가들도 지나야만 집으로 갈 수 있다. 그가 의지하는 것은 처녀 귀신들이 좁쌀 한 되를 다 세기 전에는 일어날 수 없다는 속설과 어머니가 기다리고 있다는 믿음이다. 그것은 이성의 영역을 벗어난 관습의 지대에 속하며 원초적인 믿음에 기반을 둔 것이다. 그에게 가족 특히 모성에 대한 확고한 믿음은 삶에 대한 긍정적인 태도의 기원에 해당한다. 위 시에서는 첫 연과 끝 연을 수미쌍관으로 배치하여 무서운 밤길에 든든한 보호막이 되어 주는 어머니에 대한 믿음을 표현하고 있다.

「가나니 고개」에서도 위의 시와 흡사하게 외딴길을 홀로 걸어 다니던 무서운 기억을 그린다. "별성마마 성화에도 용케 살아남은 나는/으스스 소름 돋는 애장터를 지나/시오 리 학교 길도 혼자 다닐 때가 많았지/비 오면 갓난아기 울음소리 들려오던/오리나무 숲 가나니 고개"를 지나던 두려운 마음이 실감나게 전달된다. 그의 어린 시절은 질병과 가난, 환란이 그치지 않았던 힘겨운 세월이었지만, 그의 시에서 그 모든 기억들은 못 견딜 상처라기보다는 생생한 삶의 감각으로 그려진다. 처녀가 죽어 나간 집터나 애장 터들도 마을의 한 부분으로 공동체적 삶과 정서의 뿌리를 이룬다. 어머니의 몸짓과 말 한마디는 어린 그에게 절대적으로 작용하며 공동체의 오랜 속설과 정서를 무의식 깊숙이까지 새겨 놓는 역할을 한다. 「뱀 꿈」에서는 가나니 고갯길에서 만난 뱀에 대한 공포와 그 뱀이 "불알을 물려고 찾아올지도 모른다"는 어머니 말씀 때문에 악몽에 시달린 경험을 그리고 있다. 공포의 기억조차 그의 시에서는 생동하는 삶의 감각으로 표출된다. 그리고 그 근원에는 자식들에 대한 헌신적인 사랑으로 최초이자 최후의 보호막이 되어 준 어머니가 자리 잡고 있다. 어머니는 "등잔불 밝혀 놓고/이슥하도록 둥그렇게/둥그렇게 물레를 잣던/ 어머니//둥근 기억은 강물처럼 흐르고/어머니 손때 묻은 것들이/부유물처럼 떠올라/내 옆구리를 툭툭 치는//동짓달은 그리운 달"(「기제」)에 나타나는 둥근 물레와 달처럼, 영원히 순환 반복되는 시간의 연원을 이룬다.

긍정적인 어머니에 비해 부정적인 아버지를 그리는 시들이 많은 것에 비해 이은재의 시에서는 아버지 역시 긍정적인 모습으로 출현한다. 「경칩」에서는 간니 날 때까지 젓배를 곯았던 어린 그를 위해 개구리 뒷다리를 구워 주던 아버지의 기억을 그리고 있다. "꼴을 한 짐 짊어진 아버지 손에/개구리 두어 마리 들려 있다/꿈속의 나는 벌써부터 침을 흘리고 있었다" 에서처럼 아버지의 사랑은 강렬한 미각과 함께 기억된다. 「살쾡이」에서는 아버지의 탈상 전날 칠흑 같은 산골길을 지날 때 만난 살쾡이 얘기를 하자 "마중 나가신 아버지도 몰라봤냐" 고 하는 친지들의 반응을 그린다. 죽은 이의 혼백이 살아 다른 동물의 형상으로 나타나 보인다는 속설의 자취가 아직도 건재함을 알 수 있다. 또 다른 시에서는 "애야, 내일은 한가윗날이다/이왕에 삽자루 잡았으니/마을길도 깨끗이 닦아 놓아라" (「꿈길에서」)며 꿈속의 아버지가 생생하게 말하기도 한다. 아버지는 그의 무의식 속에 가장으로서 건재하다.

그는 전통적인 가족 공동체의 끈끈한 연대에 친숙한 정서를 드러낸다. 근원에 대한 그리움은 자연적

본성이라고 여긴다. 네거리 신호등 앞에 선 지팡이를 보며 "제가 나무였음을 지팡이는 알까"(「걸어가는 나무」)라고 상상하는 그에게는 근원에 대한 그리움이 생래적이라는 인식이 자리 잡고 있다. 그의 시는 이 그리움의 표현이며 그의 삶은 이 근원의 힘으로부터 그치지 않는 활력을 얻는다.

언어의 세공

이은재 시인은 전통적인 정서의 뿌리가 깊은 시인이고 이러한 성향은 시의 형식에도 잘 드러난다. 그는 서정시의 전통에서 익숙한 시어의 절차탁마를 끝없이 행한다. 거칠고 모난 부분을 수없이 다듬어 매끄럽게 잘 읽히는 시가 되게 한다. 너무 잘 읽혀 얼핏 보면 쉽게 쓴 시 같지만 연과 연 사이, 행과 행 사이 수없이 갈고 다듬은 흔적이 눈에 띈다. 그가 언어에 대해 각별히 신경을 쓰는 데는 일종의 직업의식도 작용할 것으로 짐작된다. 오랫동안 출판업에 종사해 온 그에게 활자는 공기와 같이 친숙한 것이다. 오자, 탈자, 어색한 글자들이 조금만 눈에 띄어도 그는 즉각적으로 반응한다.

육교 난간에 대형 현수막이 걸려 있다
'대구가도 약한다'
약장사 선전 문구 같은 글귀가
눈에 거슬려
나도 몰래 밑줄을 긋고 만다
대구가 약한 것인가
대구 가서 약하는 것인가
아니, 아니 '대구가 도약한다'겠지

오류가 눈에 띄면 나도 모르게 밑줄 긋는 이 버릇
평생 남의 글 교정보다 생긴 버릇
여생엔 교정 못 볼 버릇

—「버릇」 부분

이 시에 그려진 재미난 사례처럼 그는 눈에 띄는 모든 활자들을 교정하는 버릇이 있다. 최대한 현재 쓰여 있는 상태를 존중해서 이리저리 해석해 보다 종

국에는 오류를 발견하고 바로잡는 교정의 전 과정이 고스란히 드러난다. 시를 쓰는 과정도 이와 다르지 않아 가장 적합한 어휘와 형식을 고르기 위해 무수히 교정을 거듭한다. "여생엔 교정 못 볼 버릇"이라 할 만큼 습관이 되어 있기 때문에 그의 시 또한 세공에 세공을 거듭하며 매끄러워진다.

알맞은 어휘를 찾고 정확한 표기를 해야 하는 공통점도 있지만, 시에는 교정에 없는 결정적인 창조의 과정이 있다. 시인이 된 그에게 가장 고민이 되는 것도 바로 이 과정일 것이다.

궂은 날에만 잡힌다는
시어詩魚를 낚으러 갔다

민물과 해수가 살을 섞는
감포 앞바다
시월상달 바다
모래무덤만 쌓았다 허문다

희귀한 시어 한 마리

건져 올리지 못한 채
물거품만 쓸어 담던 파도
방 안까지 따라와
온밤 내 철썩대다
귀 기울이면 달아나는
월척들

—「감포 바다」 전문

그는 시상을 붙들기 위해 적극적인 노력을 해 본다. 파도 소리 좋은 감포 바다에 나가서 시의 월척을 낚아 보려 기다린다. 시어詩魚가 잡힌다는 궂은 날에 맞추어, 일 년 중 가장 성스럽다는 시월상달 바다에 나가 기도하는 마음으로 시를 기다린다. 이렇게 정성을 다했는데도 시어는 구경도 못 하고 물거품만 가득한 파도 소리가 방 안까지 따라와 허전한 마음을 후려친다. 재미있는 것은 기다리던 시어가 감포 바다에서 잡힌 것이 아니라 낙담한 마음속에서 잡혔다는 것이다. 시는 작정하고 기다린다 해서 오는 것이 아니고 삶의 구석구석에서 나타난다는 사실을 그는 이미 알게 되었다.

일상이나 특별한 경험, 기억이나 꿈 어디서든 그는

시를 찾아낸다. 심지어는 활자에서도 시를 만난다. "안성맞춤 시옷을 입고/봄 길을 걸어 본다"(「ㅅ」)에서 '시옷'은 활자 'ㅅ'이면서 '시의 옷'이라는 두 겹의 의미를 갖는다. 오랫동안 활자를 다루어 온 시인은 말놀이를 유난히 즐긴다.

무딘 손으로 무채를 썰고 있던 아내가
무 하나를 뚝 잘라 무두일미를 맛보라 한다
무심결에 무를 먹고 있노라니
무성산 고랭지 채소밭이 눈에 보이고
무 잎같이 푸른 소년 하나 보인다
무시로 솟는 배움의 열망 감당할 수 없어
무작정 가출할 여비를 마련하려고
무성산 산마루를 오르내리면서
무단을 져 나르고 있다

—「무」 부분

전체 27행으로 이루어진 이 시는 각 행의 시작 부분이 모두 '무'자로 되어 있다. 치렁치렁 이어지는 이 '무'자 말놀이는 아내와 함께하는 일상에서 시작되어 시인의 전 생애를 망라하는 다양한 장면들을 연출한다. 그는 배움을 위한 가출을 결심했을 때도 무단을 져나르고 도시에 나와 마땅한 일거리를 찾을 수 없을 때도 무를 팔러 다녔다. 결코 순탄치 않았던 고단한 인생을 회고하면서도 그는 여유와 웃음을 잃지 않는다. "무시로 공치는 비철에는/무위도식하는 백수를 길들이기 위해", "무도회장 앞을 지나온 탓일까/무가 모두 바람들어 빈손으로 돌아왔다" 에서처럼 무거운 삶을 가벼운 웃음으로 넘어서는 여유가 있다. 시어의 곳곳에서도 그를 지탱해 온 긍정적인 삶의 태도를 만날 수 있다.

푸르게 건너가는 길

어둡고 찌푸린 표정이 시의 고유한 특성인 듯 인식되는 우리 시의 전반적 경향으로 볼 때 이은재의 시는 밝고 유쾌한 표정이어서 각별해 보인다. 그의 시는 마냥 밝은 것이 아니라 고난을 극복하면서 터득한, 삶에 대한 궁극적인 믿음에서 우러나오는 밝은 기운을 담고 있다. 삶은 누구에게나 고해이지만 그것을 헤쳐 나가는 가운데 진정한 기쁨과 보람을 찾을 수 있다는 건강한 의식이 그 바탕을 이룬다. 시인의 눈에는 나무 한 그루, 풀 한 포기도 숱한 고난과 굴곡을 지나 지금의 상태에 있는 것으로 보인다. "나무의 생은 둥글지만/끊어질 듯 이어지는 꿈길 있어/나무는 쉼 없이 걸었으리라"(「나무의 유적」)에서 나무는 둥글게 하나의 생을 이루지만 그 안에는 "푸른 날들이,/제 몸에 새겨 넣은 파문", 꿈과 좌절이 끊임없이 반복되며 이어 온 파문과도 같은 생의 흔적이 남아 있다. 생명 가진 모든 것들은 푸르게 한 생을 건너가려는 꿈을 지니고 있으며 고난과 부딪혀 가며 그 길을 간다.

잔잔한 어둠이 밀려오는 봄밤
외등이 둥그런 소반에 저녁상을 차린다

그릇마다 그득하게 퍼 놓은
저 고봉밥
목련 가족은 한 철 밥 힘으로 또 한 해를
푸르게 건너가리라

—「목련 1」 부분

그 길을 가는 데 가장 든든한 동지가 되어 주는 것은 가족이다. 이은재 시의 밝고 긍정적인 삶의 태도 역시 상당 부분 가족의 사랑과 온기에서 기인하는 것으로 보인다. 급격한 핵가족화로 인해 전통적인 공동체가 와해되고 있는 현실 속에서 그는 더욱 소중해진 가족의 가치를 확인한다. 가족이란 다른 말로 '식구'이고 그야말로 함께 밥 먹는 공동체를 뜻한다. 둥그런 소반에 온 가족이 둘러앉아 밥을 먹는 풍경은 근원적인 행복감과 안정감의 원천, 거친 세파 속으로 나갈 수 있는 힘의 연원을 보여 준다.

시인은 누구보다 든든한 가족의 힘을 기반으로 자신의 오랜 꿈을 하나하나 실천해 온 행운아다. 배움의 꿈을 좇아 도시로 나왔고 활자에 대한 무조건적인 경의로 출판계에 발을 들여놓았다. "열아홉 나이에 활자와 첫 인연을 맺고/나는 열녀처럼/그만을 섬기면서 살아왔다/가진 게 없었어도/금맥을 마다하고/문맥 따라/출판의 외길 걸어왔다"(「길」)에서 고스란히 요약돼 있는 것이 출판인으로서 그의 외길 인생이다. '금맥'이 아닌 '문맥'을 따라 이어진 그의 생은 이제 시인으로서 2막을 시작하려 한다. 문맥을 다듬는

데 익숙해진 눈길과 싱싱한 시어를 찾아 고군분투하는 열정이 어우러져 좋은 시인이 되리라 기대한다. 그는 이 시집을 꼭 새봄에 내고 싶어 했다. "새롭지 않으면 붓을 꺾는다"(「봄」)는 각오 때문이라고 본다. 늦깎이 시인으로 출발하여 정성 들인 첫 시집을 세상에 내놓는 그의 앞에, 푸르고 밝은 시의 길이 펼쳐져 있다.

이은재 李殷在

충남 공주에서 태어나 경북대학교 인문대학 국어국문학과와 중앙대학교 예술대학원 문예창작 전문가과정을 거쳐 고려대학교 인문정보대학원 문학예술학과를 졸업했다. 2012년 『월간문학』 신인작품상에 「나무의 유적」이 당선되어 등단했다. 현재 도서출판 그루 발행인이다.

guroow@naver.com

이은재 시집
나무의 유적

초판 1쇄 발행 2014년 5월 10일

지은이 겸 펴낸이 이은재
편집 박남일 권정근 **디자인** 이태호 **마케팅** 이치호
펴낸곳 도서출판 그루

출판등록 1983. 3. 26(제1-61호)
주소 700-441 대구광역시 중구 중앙대로 61길 20
전화 053-253-7872
팩스 053-257-7884
전자우편 guroo@guroo.co.kr

값 10,000원

ISBN 978-89-8069-294-1